all-time chart hits

arranged for ukulele

CW00327595

Wise Publications
part of The Music Sales Group
London/New York/Paris/Sydney/Copenhagen/Berlin/Madrid/Tokyo

Published by:
Wise Publications,
14-15 Berners Street, London W1T 3LJ, UK.

Exclusive Distributors:
Music Sales Limited,
Distribution Centre, Newmarket Road, Bury St Edmunds,
Suffolk IP33 3YB, UK.
Music Sales Pty Limited,
120 Rothschild Avenue, Rosebery, NSW 2018, Australia.

Order No. AM992431
ISBN 978-1-84772-417-5
This book © Copyright 2007 Wise Publications,
a division of Music Sales Limited.

Edited by David Harrison.
Cover designed by Fresh Lemon.
Photographs courtesy of Matthew Ward.

Printed in the EU.

Your Guarantee of Quality
As publishers, we strive to produce every book to the highest
commercial standards.

The music has been freshly engraved and the book has been carefully designed
to minimise awkward page turns and to make playing from it a real pleasure.

Particular care has been given to specifying acid-free, neutral-sized
paper made from pulps which have not been elemental chlorine bleached.

This pulp is from farmed sustainable forests and was produced with
special regard for the environment.

Throughout, the printing and binding have been planned to ensure
a sturdy, attractive publication which should give years of enjoyment.

If your copy fails to meet our high standards, please inform us
and we will gladly replace it.

www.musicsales.com

bridge over troubled water

Words & Music by Paul Simon

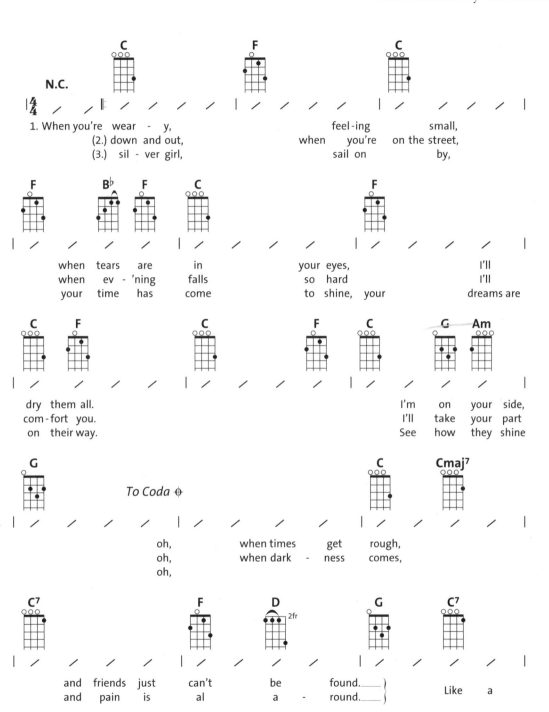

N.C.

1. When you're wear - y,   feel-ing   small,
(2.) down and out,   when   you're on the street,
(3.) sil - ver girl,   sail on   by,

when tears are   in   your eyes,   I'll
when ev - 'ning falls   so hard   I'll
your time has come   to shine, your   dreams are

dry them all.   I'm   on   your side,
com-fort you.   I'll   take   your part
on their way.   See   how   they shine

To Coda ⊕

oh,   when times   get   rough,
oh,   when dark - ness comes,
oh,

and friends just   can't   be   found.___⎫
and pain   is   al   a -   round.___⎭   Like   a

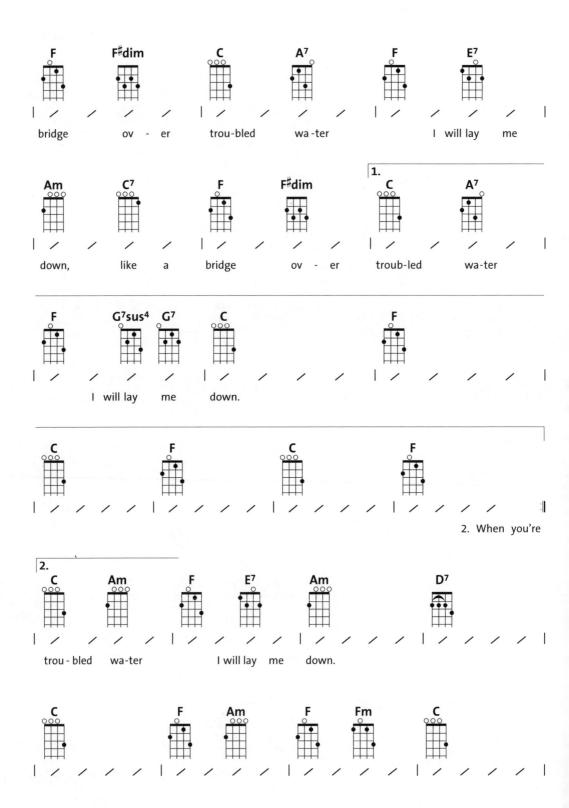

F   F#dim   C   A7   F   E7

bridge   ov - er   trou-bled   wa-ter   I will lay   me

Am   C7   F   F#dim   1.   C   A7

down,   like   a   bridge   ov - er   troub-led   wa-ter

F   G7sus4   G7   C   F

I will lay   me   down.

C   F   C   F

2. When you're

2.

C   Am   F   E7   Am   D7

trou - bled   wa-ter   I will lay   me   down.

C   F   Am   F   Fm   C

4

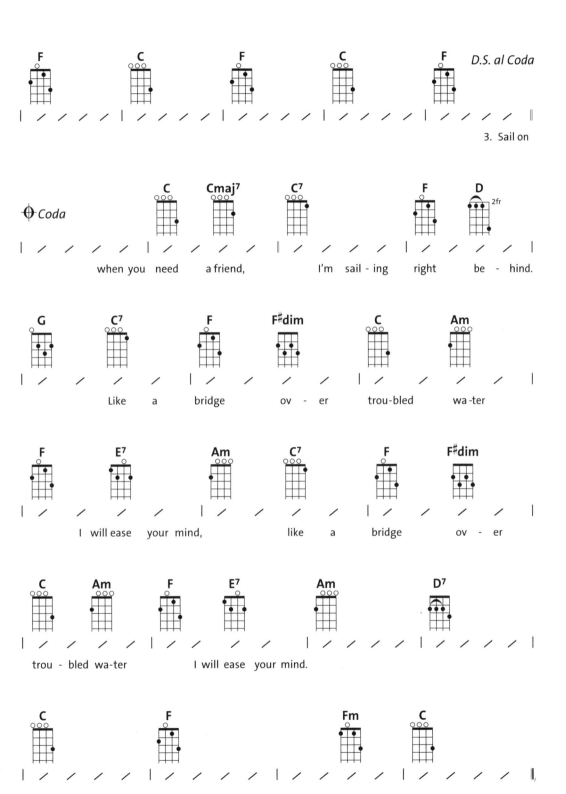

F C F C F *D.S. al Coda*

3. Sail on

⊕ *Coda*

C Cmaj7 C7 F D 2fr

when you need a friend, I'm sail - ing right be - hind.

G C7 F F#dim C Am

Like a bridge ov - er trou-bled wa -ter

F E7 Am C7 F F#dim

I will ease your mind, like a bridge ov - er

C Am F E7 Am D7

trou - bled wa-ter I will ease your mind.

C F Fm C

all about you

Words & Music by Thomas Fletcher

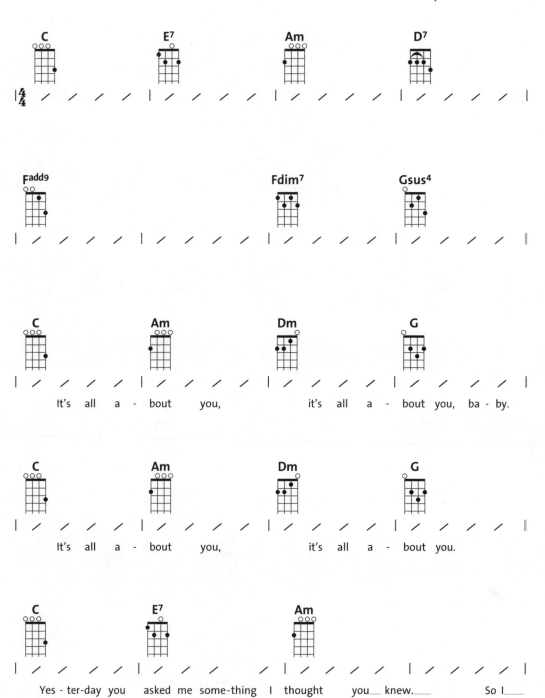

It's all a - bout you,   it's all a - bout you, ba - by.

It's all a - bout you,   it's all a - bout you.

Yes - ter-day you asked me some-thing I thought you___ knew.___ So I___

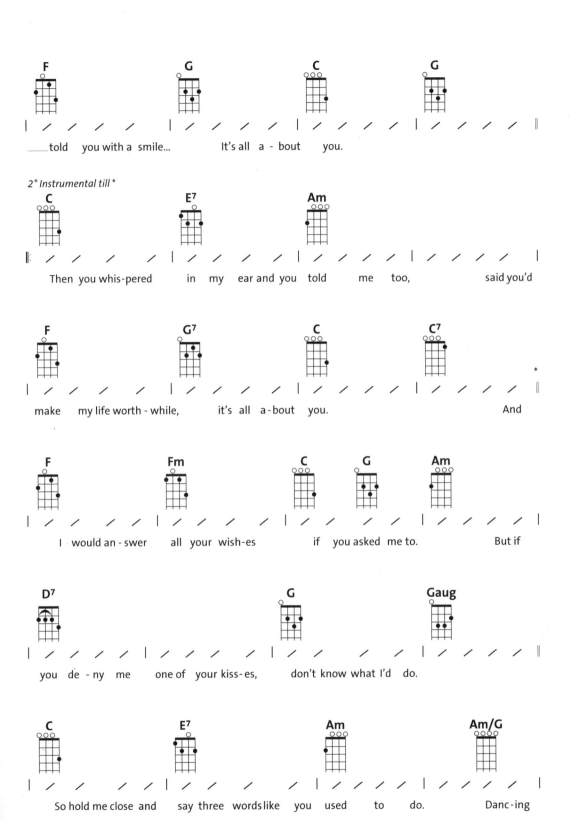

F · · · · **G** · · · · **C** · · · · **G** · · · ·

___told you with a smile... It's all a - bout you.

2° Instrumental till *

C · · · · **E⁷** · · · · **Am** · · · ·

Then you whis-pered in my ear and you told me too, said you'd

F · · · · **G⁷** · · · · **C** · · · · **C⁷** · · · · *

make my life worth - while, it's all a-bout you. And

F · · · · **Fm** · · · · **C** · **G** · **Am** · · · ·

I would an - swer all your wish-es if you asked me to. But if

D⁷ · · · · **G** · · · · **Gaug** · · · ·

you de - ny me one of your kiss- es, don't know what I'd do.

C · · · · **E⁷** · · · · **Am** · · · · **Am/G** · · · ·

So hold me close and say three words like you used to do. Danc-ing

7

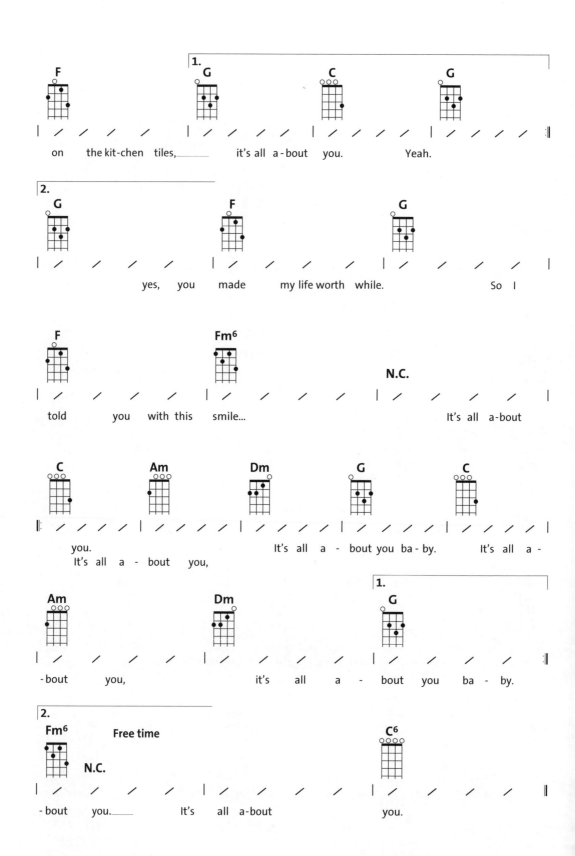

la bamba

Traditional
Adapted & Arranged by Ritchie Valens

don't look back in anger

Words & Music by Noel Gallagher

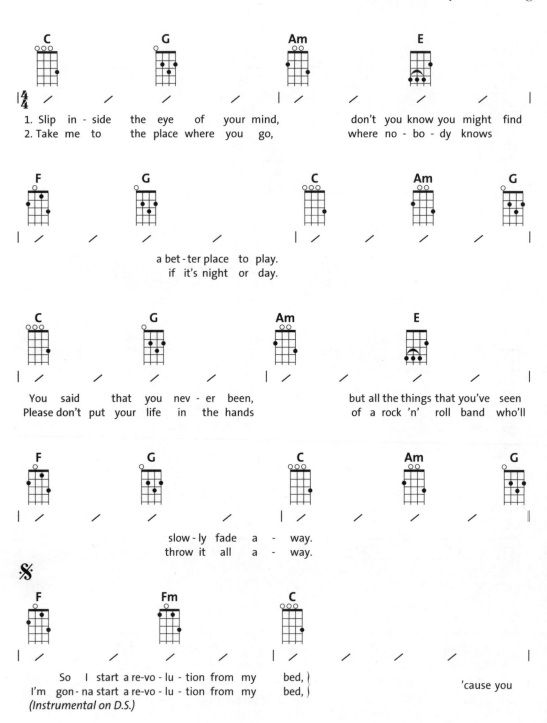

1. Slip in - side the eye of your mind, don't you know you might find
2. Take me to the place where you go, where no - bo - dy knows

a bet - ter place to play.
if it's night or day.

You said that you nev - er been, but all the things that you've seen
Please don't put your life in the hands of a rock 'n' roll band who'll

slow - ly fade a - way.
throw it all a - way.

So I start a re-vo - lu - tion from my bed,)
I'm gon - na start a re-vo - lu - tion from my bed,) 'cause you
(Instrumental on D.S.)

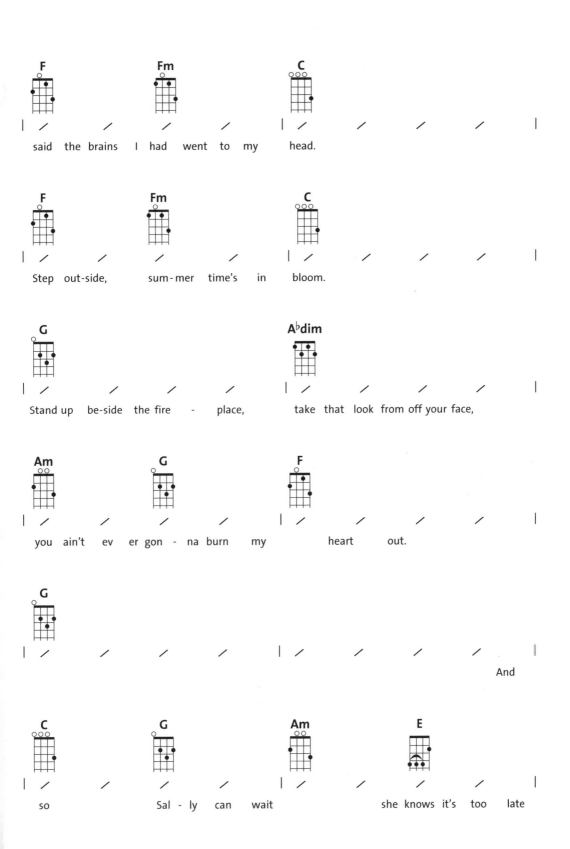

F   Fm   C

| / | / | / | / | | / | / | / | / | |

said the brains I had went to my   head.

F   Fm   C

Step out-side,   sum-mer time's in   bloom.

G   A♭dim

Stand up be-side the fire - place,   take that look from off your face,

Am   G   F

you ain't ev er gon - na burn my   heart   out.

G

                                         And

C   G   Am   E

so   Sal - ly can wait   she knows it's too late

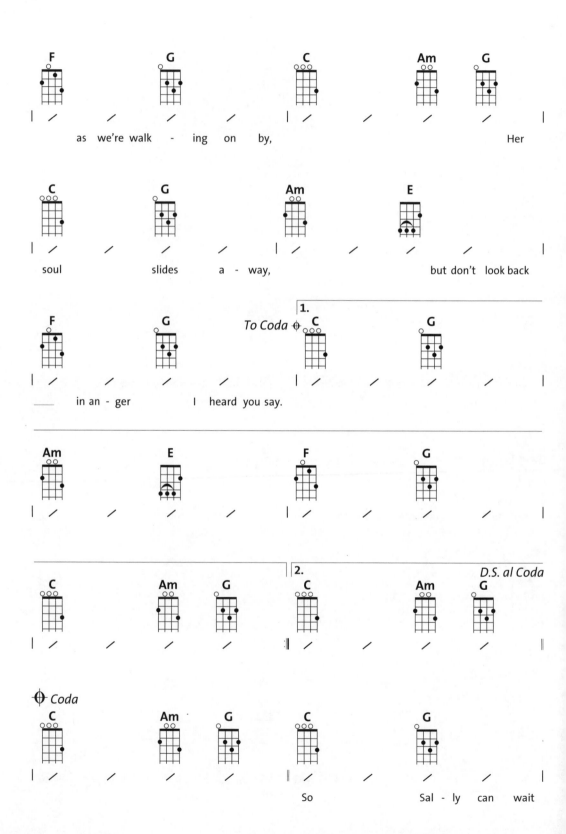

F   G   C   Am   G

/   /   /   /   /   /   /   /

as we're walk - ing on by,   Her

C   G   Am   E

soul   slides   a - way,   but don't look back

1.

To Coda ⊕

F   G   C   G

___ in an - ger   I heard you say.

Am   E   F   G

2.   *D.S. al Coda*

C   Am   G   C   Am   G

⊕ *Coda*

C   Am   G   C   G

So   Sal - ly can wait

12

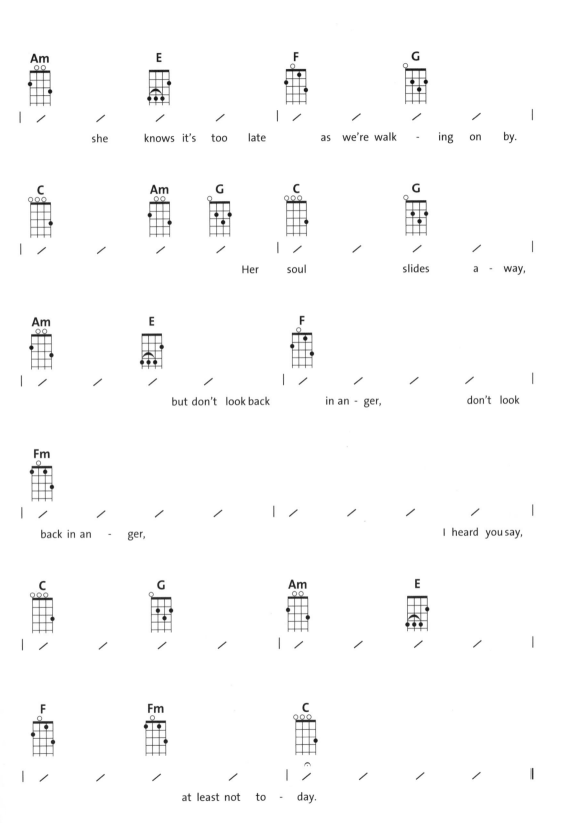

she   knows it's   too   late   as we're walk - ing   on   by.

Her   soul   slides   a - way,

but don't   look back   in an - ger,   don't look

back in an   -   ger,   I heard you say,

at least not   to - day.

13

especially for you

Words & Music by Mike Stock, Matt Aitken & Pete Waterman

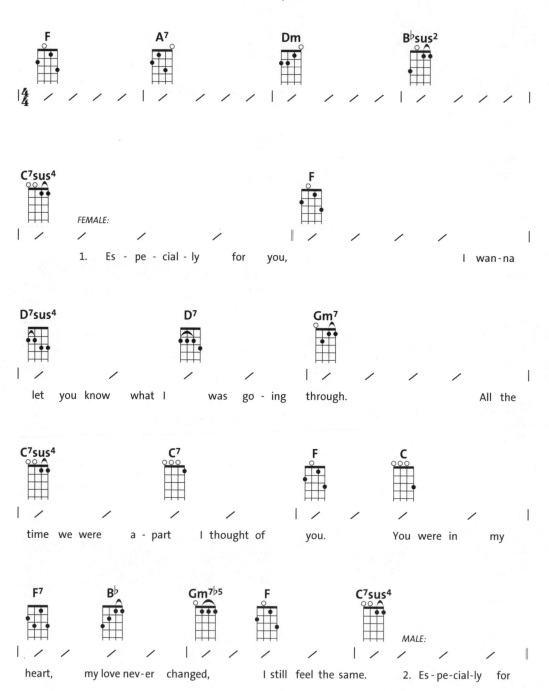

FEMALE:

1. Es - pe - cial - ly for you, I wan-na
let you know what I was go - ing through. All the
time we were a - part I thought of you. You were in my
heart, my love nev-er changed, I still feel the same. 2. Es - pe - cial - ly for

MALE:

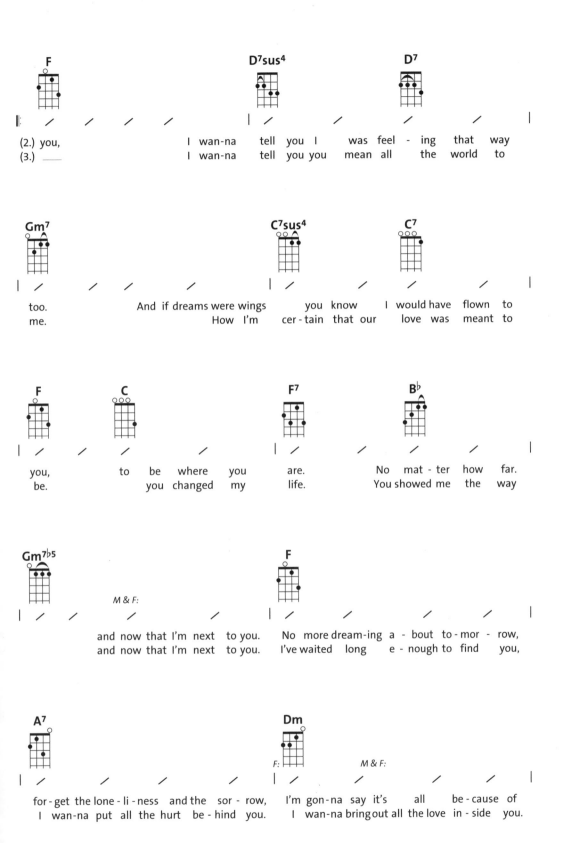

F

(2.) you,
(3.) —— I wan-na tell you I was feel - ing that way
       I wan-na tell you you mean all the world to

D⁷sus⁴

D⁷

Gm⁷

too. And if dreams were wings you know I would have flown to
me. How I'm cer-tain that our love was meant to

C⁷sus⁴

C⁷

F

you, to be where you are. No mat - ter how far.
be. you changed my life. You showed me the way

C

F⁷

B♭

Gm⁷♭⁵

M & F:
and now that I'm next to you. No more dream-ing a - bout to-mor - row,
and now that I'm next to you. I've waited long e - nough to find you,

F

A⁷

for - get the lone - li - ness and the sor - row, I'm gon-na say it's all be - cause of
I wan-na put all the hurt be - hind you. I wan-na bring out all the love in - side you.

Dm

F: *M & F:*

15

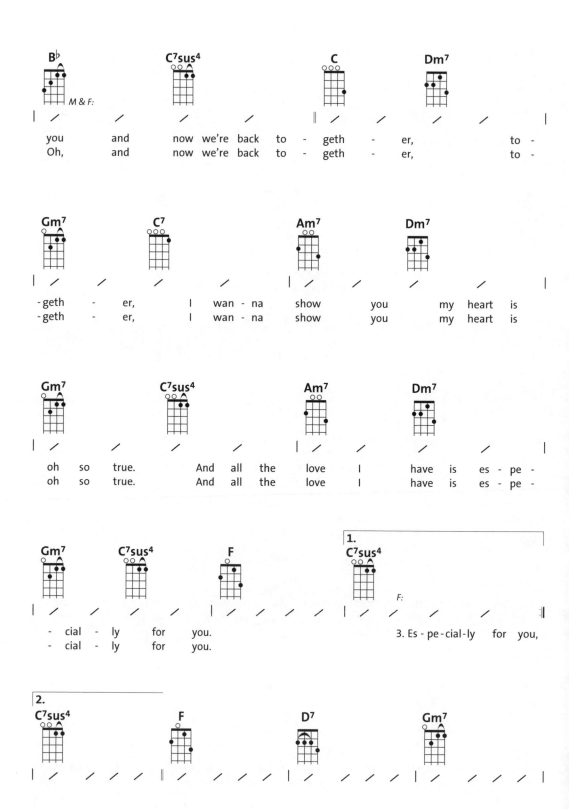

B♭   *M & F:*   **C⁷sus⁴**   **C**   **Dm⁷**

| / | / | / | / | ‖ / | / | / | / | |

you   and   now we're back to - geth - er,   to -

Oh,   and   now we're back to - geth - er,   to -

Gm⁷   **C⁷**   **Am⁷**   **Dm⁷**

| / | / | / | / | / | / | / | / | |

-geth - er,   I wan - na show   you   my heart is

-geth - er,   I wan - na show   you   my heart is

Gm⁷   **C⁷sus⁴**   **Am⁷**   **Dm⁷**

| / | / | / | / | / | / | / | / | |

oh so true.   And all the love I   have is es - pe -

oh so true.   And all the love I   have is es - pe -

Gm⁷   **C⁷sus⁴**   **F**   **1.** **C⁷sus⁴**   *F:*

| / | / | / | / | / | / | / | / | / | / | / | :‖

- cial - ly for you.   3. Es - pe - cial - ly   for you,

- cial - ly for you.

2. **C⁷sus⁴**   **F**   **D⁷**   **Gm⁷**

| / | / / / | ‖ / | / / / | / | / / / | / | / / / |

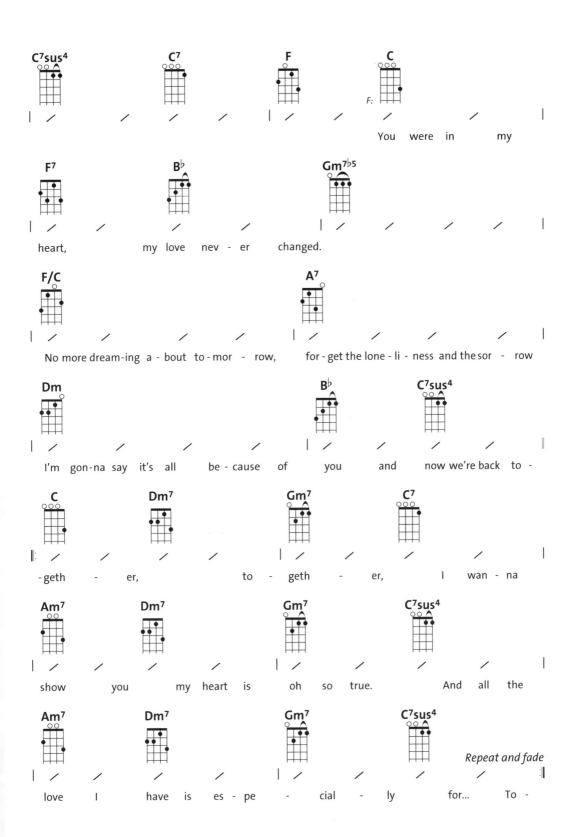

C⁷sus⁴   **C⁷**   **F**   **C**

F:
You were in   my

F⁷   **B♭**   **Gm⁷♭5**

heart,   my love nev - er   changed.

F/C   **A⁷**

No more dream-ing a - bout to - mor - row,   for - get the lone - li - ness and the sor - row

Dm   **B♭**   **C⁷sus⁴**

I'm gon-na say it's all   be - cause   of   you   and   now we're back to -

C   **Dm⁷**   **Gm⁷**   **C⁷**

- geth - er,   to - geth - er,   I   wan - na

Am⁷   **Dm⁷**   **Gm⁷**   **C⁷sus⁴**

show   you   my heart is   oh   so   true.   And   all   the

Am⁷   **Dm⁷**   **Gm⁷**   **C⁷sus⁴**

Repeat and fade

love   I   have is   es - pe - cial - ly   for...   To -

17

eye of the tiger

Words & Music by Frank Sullivan III & Jim Peterik

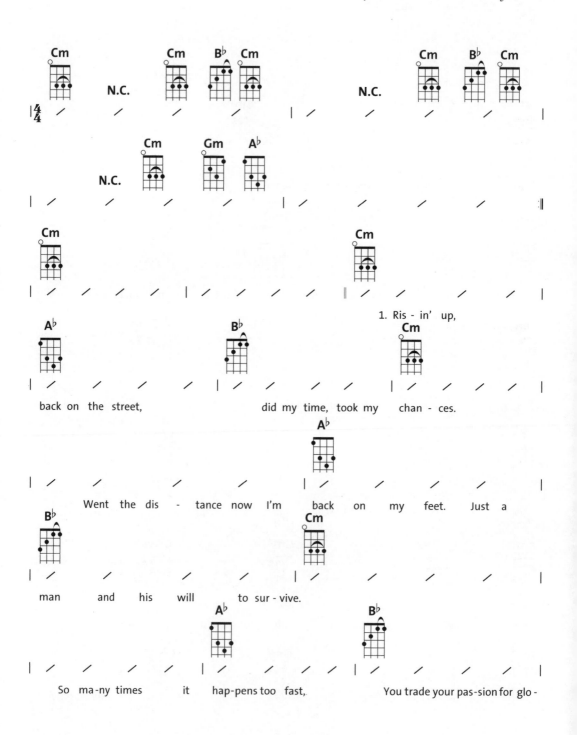

1. Ris - in' up, back on the street, did my time, took my chan - ces.

Went the dis - tance now I'm back on my feet. Just a

man and his will to sur - vive.

So ma-ny times it hap-pens too fast, You trade your pas-sion for glo -

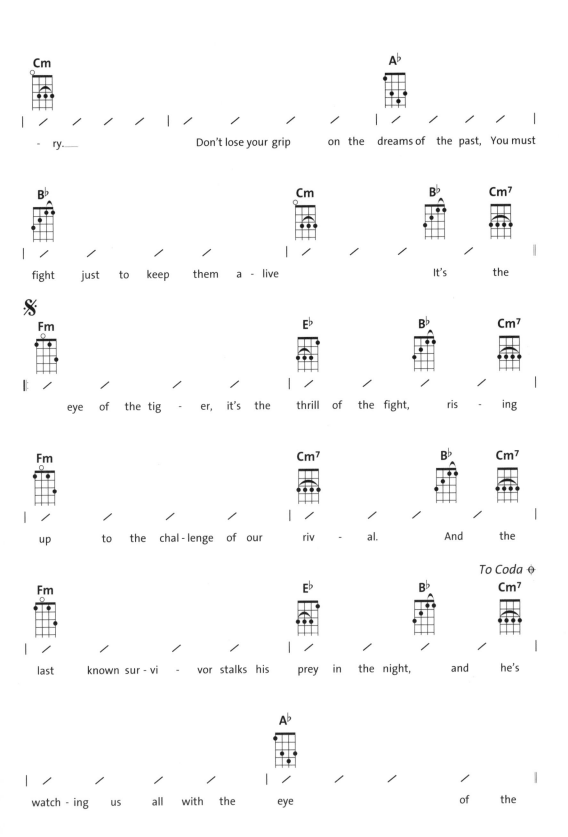

Cm   Ab

| / / / / | / / / / | / / / / |

- ry.___   Don't lose your grip   on   the   dreams of the past, You must

Bb   Cm   Bb   Cm⁷

| / / / / | / / / / |

fight   just   to   keep   them a - live   It's   the

𝄋
Fm   Eb   Bb   Cm⁷

𝄆 / / / / | / / / / |

eye   of   the   tig - er,   it's   the   thrill of the fight,   ris - ing

Fm   Cm⁷   Bb   Cm⁷

| / / / / | / / / / |

up   to   the   chal - lenge of our   riv - al.   And   the

                                                        To Coda ⊕
Fm   Eb   Bb   Cm⁷

| / / / / | / / / / |

last   known sur - vi - vor stalks his   prey in the night,   and   he's

                          Ab

| / / / / | / / / / ‖

watch - ing   us   all   with the   eye   of   the

19

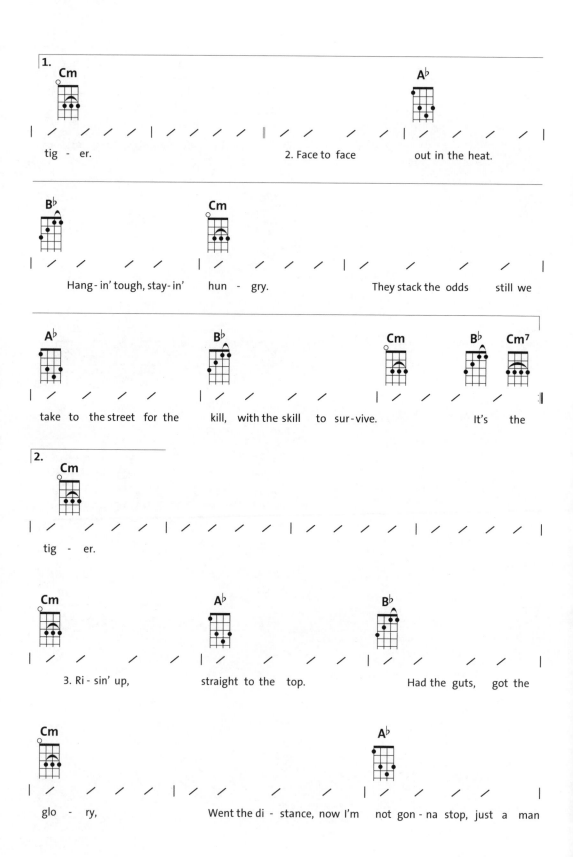

1.

Cm   A♭

tig - er.   2. Face to face   out in the heat.

B♭   Cm

Hang- in' tough, stay-in'   hun - gry.   They stack the odds   still we

A♭   B♭   Cm   B♭   Cm⁷

take to the street for the   kill, with the skill   to sur-vive.   It's   the

2.

Cm

tig - er.

Cm   A♭   B♭

3. Ri - sin' up,   straight to the top.   Had the guts,   got the

Cm   A♭

glo - ry,   Went the di - stance, now I'm   not gon - na stop, just a   man

20

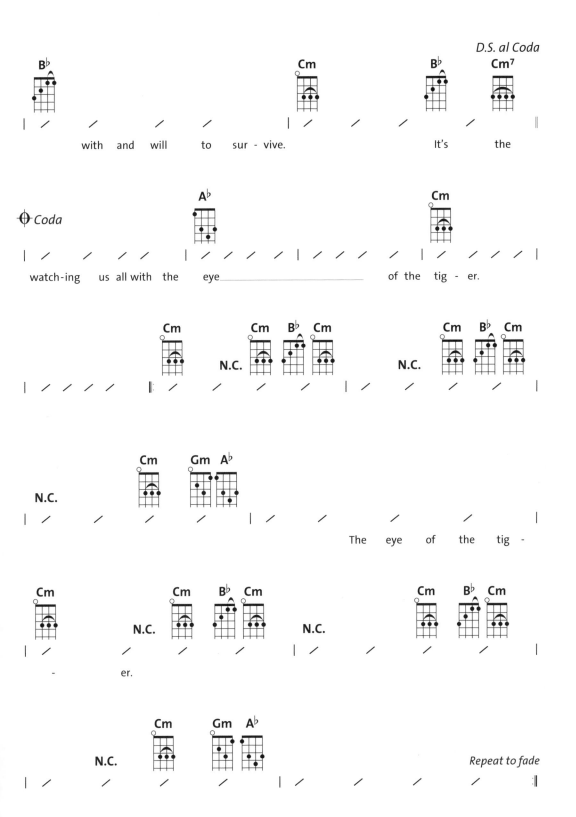

D.S. al Coda

with and will to sur - vive. It's the

⊕ *Coda*

watch-ing us all with the eye of the tig - er.

The eye of the tig -

- er.

Repeat to fade

21

fly me to the moon (in other words)

Words & Music by Bart Howard

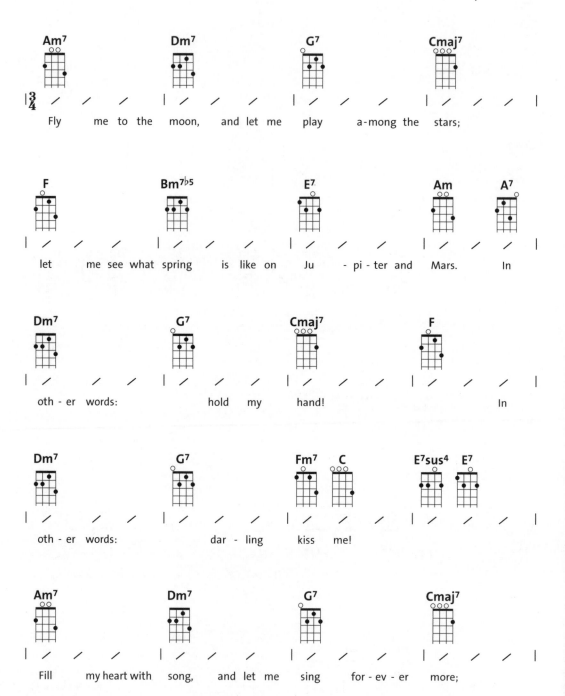

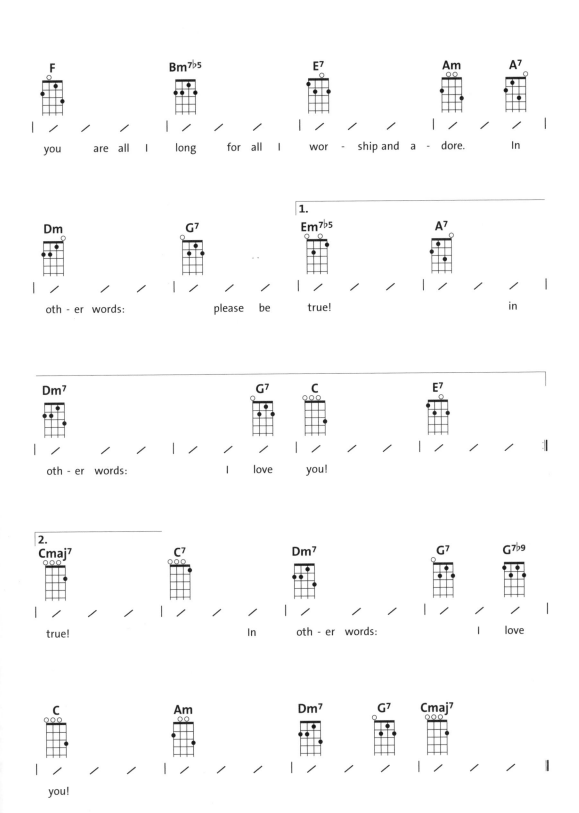

you   are all I   long   for all I   wor - ship and a - dore.   In

oth - er words: please be   true!   in

oth - er words: I   love   you!

true!   In   oth - er words: I   love

you!

mamma mia

Words & Music by Benny Andersson, Stig Anderson & Björn Ulvaeus

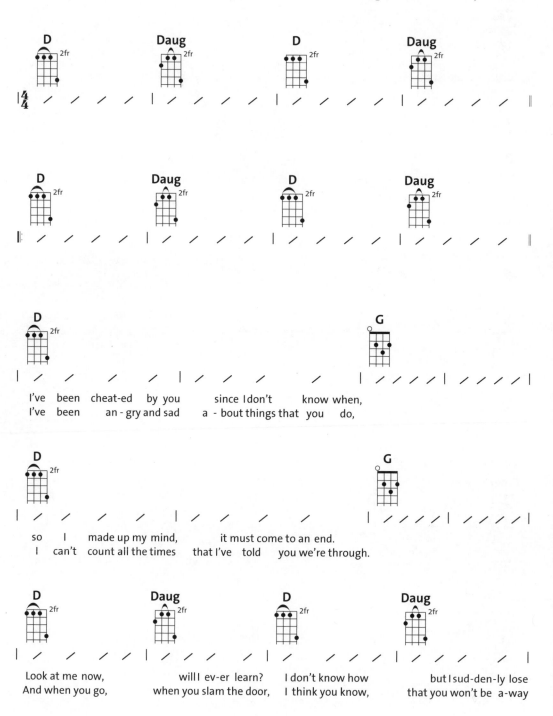

I've been cheat-ed by you since I don't know when,
I've been an-gry and sad a - bout things that you do,

so I made up my mind, it must come to an end.
I can't count all the times that I've told you we're through.

Look at me now, will I ev-er learn? I don't know how but I sud-den-ly lose
And when you go, when you slam the door, I think you know, that you won't be a-way

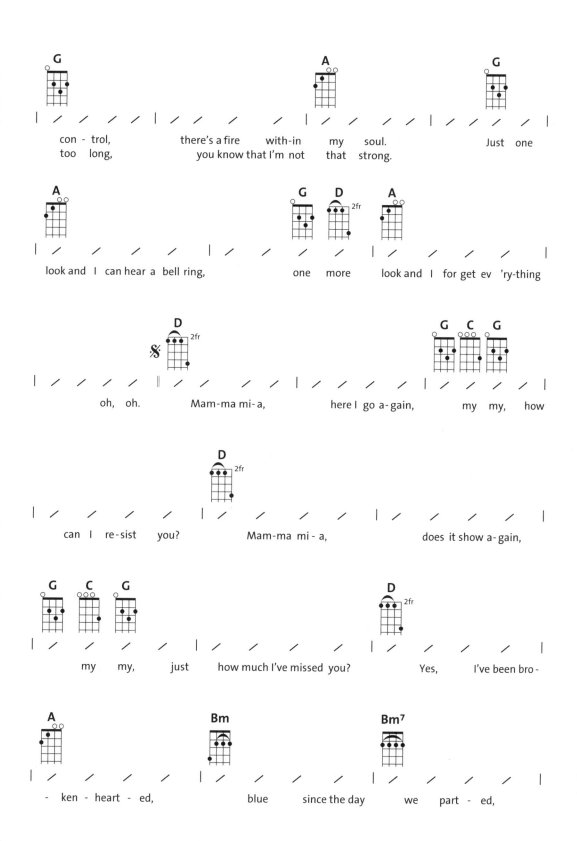

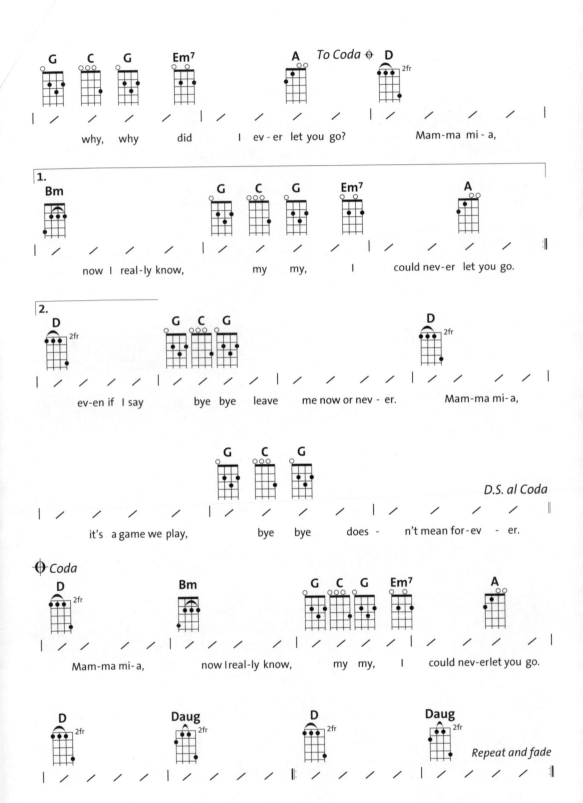

mull of kintyre

Words & Music by Paul McCartney & Denny Laine

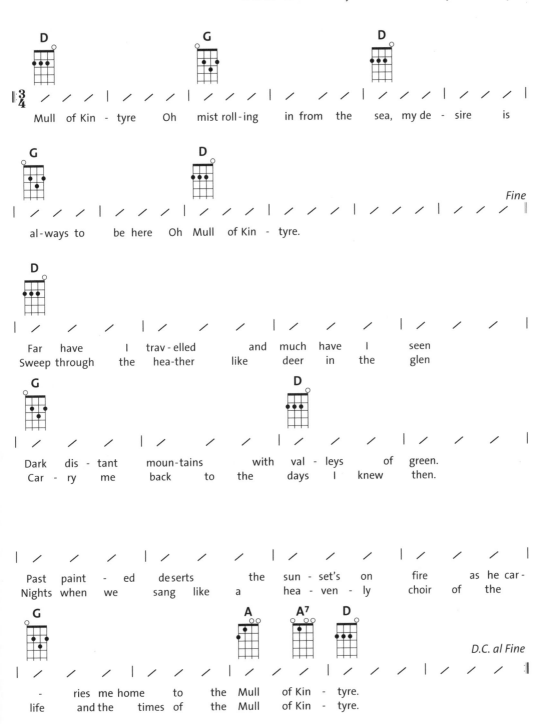

D   G   D

Mull of Kin - tyre Oh mist roll-ing in from the sea, my de - sire is

G   D

Fine

al - ways to be here Oh Mull of Kin - tyre.

D

Far have I trav - elled and much have I seen
Sweep through the hea-ther like deer in the glen

G   D

Dark dis - tant moun-tains with val - leys of green.
Car - ry me back to the days I knew then.

Past paint - ed de serts the sun - set's on fire as he car -
Nights when we sang like a hea - ven - ly choir of the

G   A A⁷ D

D.C. al Fine

- ries me home to the Mull of Kin - tyre.
life and the times of the Mull of Kin - tyre.

over the rainbow/
what a wonderful world

Over The Rainbow: Words by E.Y. Harburg; Music by Harold Arlen
What A Wonderful World: Words & Music by George Weiss & Bob Thiele

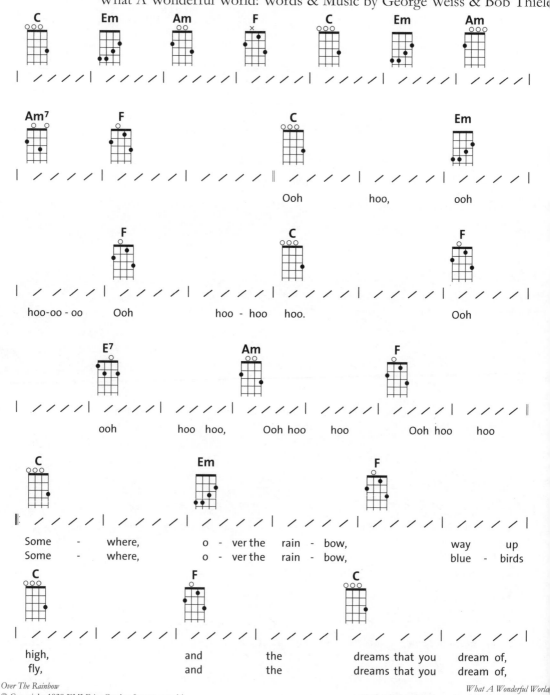

C	Em	Am	F	C	Em	Am
Am⁷	F		C		Em	
			Ooh	hoo,	ooh	
F		C		F		
hoo-oo - oo	Ooh	hoo - hoo hoo.		Ooh		
E⁷		Am		F		
ooh	hoo hoo,	Ooh hoo	hoo	Ooh hoo	hoo	
C		Em		F		

Some - where,   o - ver the   rain - bow,   way   up
Some - where,   o - ver the   rain - bow,   blue - birds

| C | | F | | C | | |

high,   and   the   dreams that you   dream of,
fly,   and   the   dreams that you   dream of,

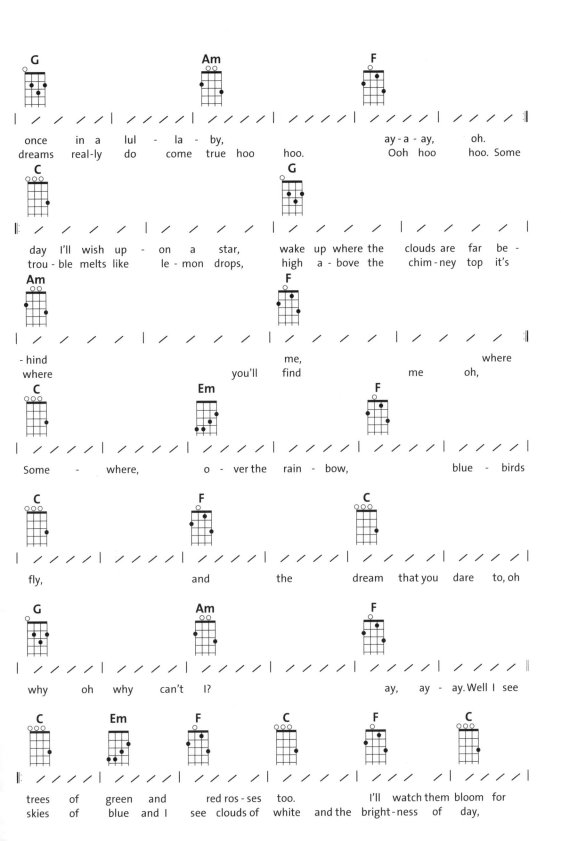

G   Am   F

| / / / / | / / / / | / / / / | / / / / | / / / / | / / / / ‖

once   in a   lul - la - by,   ay - a - ay,   oh.

dreams real-ly   do   come true hoo hoo.   Ooh hoo   hoo. Some

C   G

‖: / / / / | / / / / | / / / / | / / / / |

day I'll wish up - on a   star,   wake up where the   clouds are far be -

trou - ble melts like   le - mon drops,   high a - bove the   chim - ney top it's

Am   F

| / / / / | / / / / | / / / / | / / / / ‖

- hind   me,   where

where   you'll find   me   oh,

C   Em   F

| / / / / | / / / / | / / / / | / / / / | / / / / | / / / / |

Some - where,   o - ver the rain - bow,   blue - birds

C   F   C

| / / / / | / / / / | / / / / | / / / / | / / / / | / / / / |

fly,   and   the   dream that you dare to, oh

G   Am   F

| / / / / | / / / / | / / / / | / / / / | / / / / | / / / / ‖

why   oh   why can't I?   ay,   ay - ay. Well I see

C   Em   F   C   F   C

‖: / / / / | / / / / | / / / / | / / / / | / / / / | / / / / |

trees   of   green and   red ros - ses too.   I'll watch them bloom for

skies   of   blue and I   see clouds of white and the bright-ness of   day,

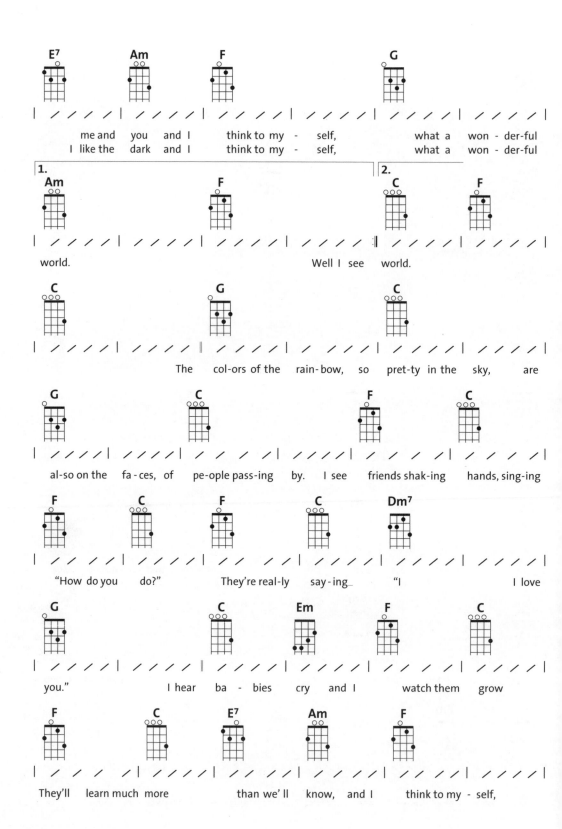

E⁷	Am	F		G	

me and   you   and I   think to my - self,   what a   won - der-ful
I like the   dark   and I   think to my - self,   what a   won - der-ful

1. Am ... F ... | **2.** C ... F

world.   Well I see   world.

C ... G ... C

The   col-ors of the   rain-bow, so   pret-ty in the   sky,   are

G ... C ... F ... C

al-so on the   fa-ces, of   pe-ople pass-ing   by.   I see   friends shak-ing   hands, sing-ing

F ... C ... F ... C ... Dm⁷

"How do you   do?"   They're real-ly   say-ing_   "I   I love

G ... C ... Em ... F ... C

you."   I hear   ba - bies   cry   and I   watch them   grow

F ... C ... E⁷ ... Am ... F

They'll   learn much more   than we'll   know,   and I   think to my - self,

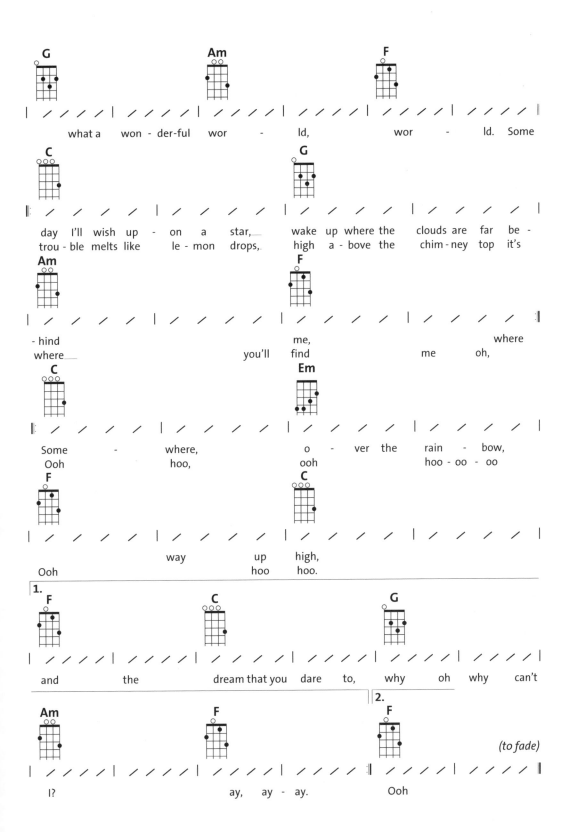

G   Am   F

what a   won - der-ful   wor   -   ld,   wor   -   ld. Some

C   G

day I'll wish up - on a star,   wake up where the   clouds are far be -
trou - ble melts like   le - mon drops,   high a - bove the   chim - ney top it's

Am   F

- hind   me,   where
where   you'll find   me   oh,

C   Em

Some   -   where,   o   -   ver the   rain - bow,
Ooh   hoo,   ooh   hoo - oo - oo

F   C

             way   up   high,
Ooh   hoo   hoo.

1.
F   C   G

and   the   dream that you   dare   to,   why   oh   why   can't

2.
Am   F   F

                                           (to fade)

I?   ay,   ay - ay.   Ooh

(sittin' on) the dock of the bay

Words & Music by Steve Cropper & Otis Redding

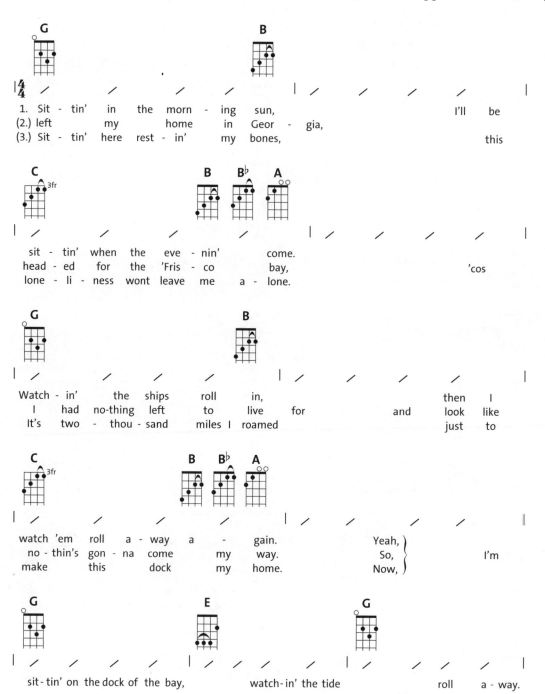

1. Sit - tin' in   the morn - ing sun,   I'll be
(2.) left   my   home   in   Geor - gia,
(3.) Sit - tin' here rest - in' my bones,   this

sit - tin' when the eve - nin' come.
head - ed   for   the 'Fris - co   bay,   'cos
lone - li - ness wont leave me a - lone.

Watch - in' the ships roll in,   then I
I   had no-thing left   to   live for   and   look like
It's two - thou - sand miles I roamed   just to

watch 'em roll a - way   a   -   gain.   Yeah,
no - thin's gon - na come   my   way.   So,   I'm
make   this   dock   my   home.   Now,

sit - tin' on the dock of the bay,   watch - in' the tide   roll   a - way.

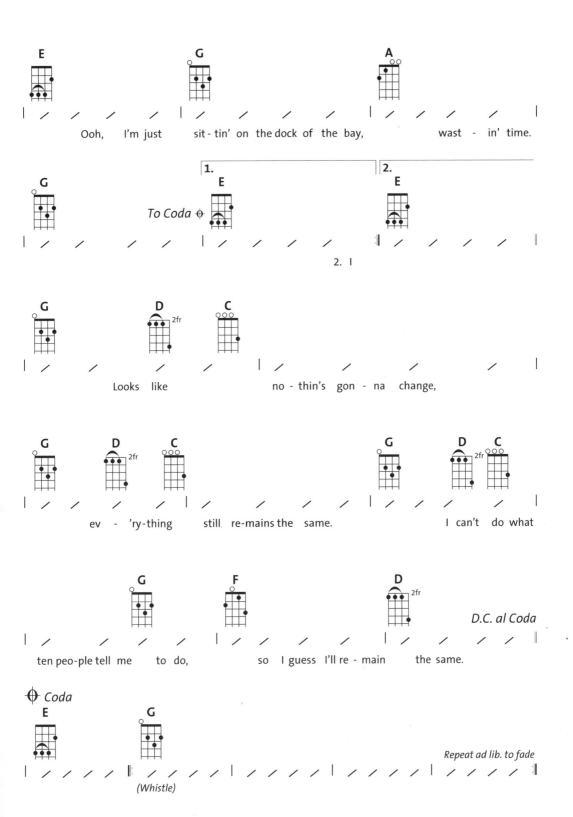

E   G   A

Ooh, I'm just sit - tin' on the dock of the bay,   wast - in' time.

G   1. E   2. E

To Coda

                 2. I

G   D   C
       2fr

Looks like   no - thin's gon - na change,

G   D   C   G   D C
    2fr   2fr

ev - 'ry-thing still. re-mains the same.   I can't do what

      G   F   D
                      2fr

                       D.C. al Coda

ten peo-ple tell me to do,   so I guess I'll re - main the same.

⊕ Coda

E   G

                  Repeat ad lib. to fade

(Whistle)

33

something

Words & Music by George Harrison

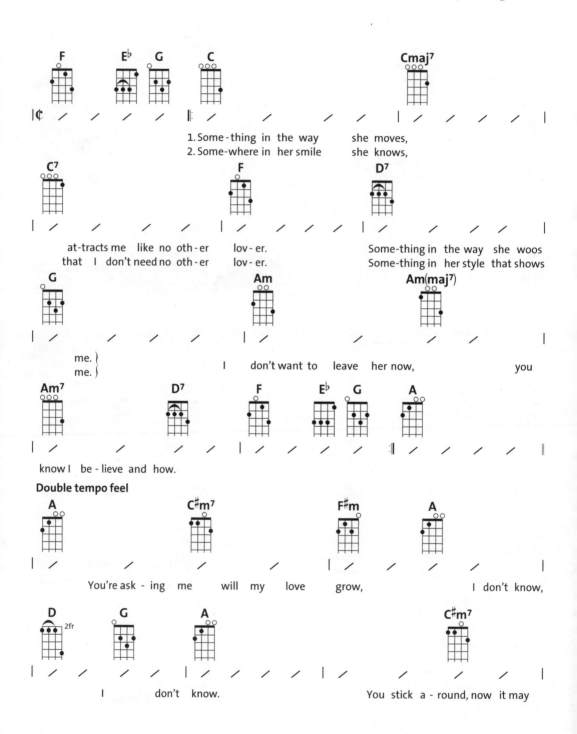

1. Some - thing in the way   she moves,
2. Some - where in her smile   she knows,

at - tracts me   like no oth - er   lov - er.   Some - thing in the way   she woos
that I don't need no oth - er   lov - er.   Some - thing in her style that shows

me. }
me. }   I   don't want to   leave   her now,   you

know I be - lieve and how.

Double tempo feel

You're ask - ing   me   will   my   love   grow,   I don't know,

I   don't   know.   You stick a - round, now it may

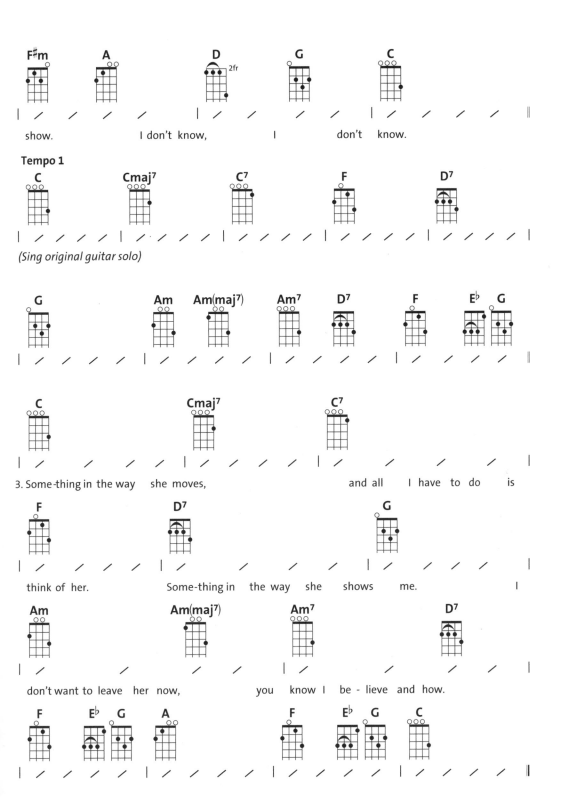

F#m **A** **D** 2fr **G** **C**

show.   I don't know,   I   don't   know.

Tempo 1

C **Cmaj⁷** **C⁷** **F** **D⁷**

(Sing original guitar solo)

G **Am** **Am(maj⁷)** **Am⁷** **D⁷** **F** **E♭** **G**

C **Cmaj⁷** **C⁷**

3. Some-thing in the way   she moves,   and all   I have to do   is

F **D⁷** **G**

think of her.   Some-thing in   the way   she   shows   me.   I

Am **Am(maj⁷)** **Am⁷** **D⁷**

don't want to leave   her now,   you   know I   be - lieve and how.

F **E♭** **G** **A** **F** **E♭** **G** **C**

stand by me

Words & Music by Ben E. King, Jerry Leiber & Mike Stoller

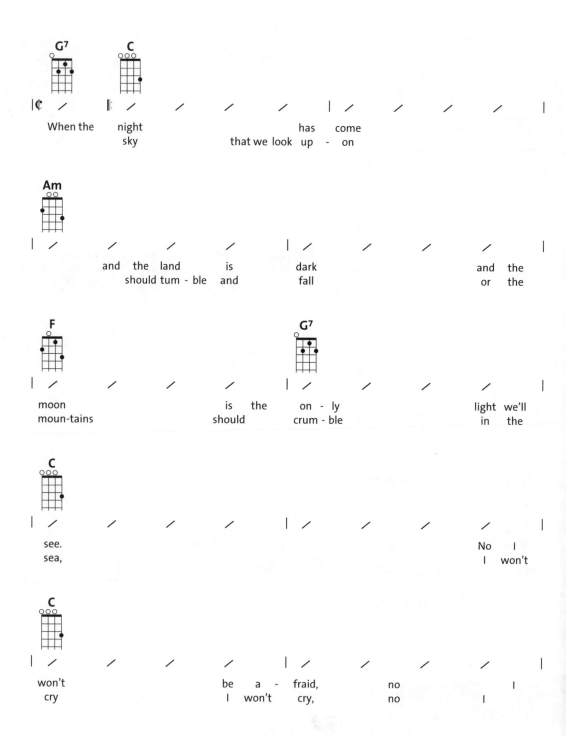

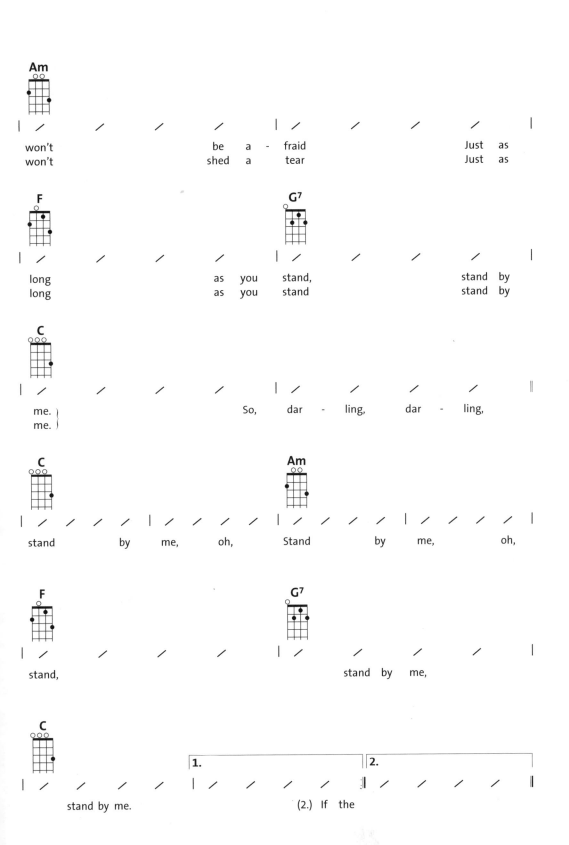

Am

| / / / / | / / / / |

won't   be   a - fraid   Just   as
won't   shed   a   tear   Just   as

F   **G⁷**

| / / / / | / / / / |

long   as   you   stand,   stand   by
long   as   you   stand   stand   by

C

| / / / / | / / / / ‖

me. ⎫   So,   dar - ling,   dar - ling,
me. ⎭

C   **Am**

| / / / / | / / / / | / / / / | / / / / |

stand   by   me,   oh,   Stand   by   me,   oh,

F   **G⁷**

| / / / / | / / / / |

stand,   stand   by   me,

C

| / / / / | / / / / ‖

stand by me.   **1.**   **2.**

(2.) If   the

37

sitting, waiting, wishing

Words & Music by Jack Johnson

Well

I was sit-ting, wait-ing, wish-ing, you be-lieved in su-per-sti-tions,
Well if I was in your po-sition I'd put down all my am-mi-nu-tion, I'd

then may-be you'd see the signs. But
won-der why it'd ta-ken my so long. Well

Lord knows that this world is cruel and I ain't the Lord no I'm just a
Lord knows that I'm not you and if I was I would-n't be so cruel.

fool, and that lov-in' some-bo-dy don't make them love you.)
'cause wait-ing on love ain't so ea-sy to do.) Must I

al-ways be wait-ing, wait-ing on you? Must I

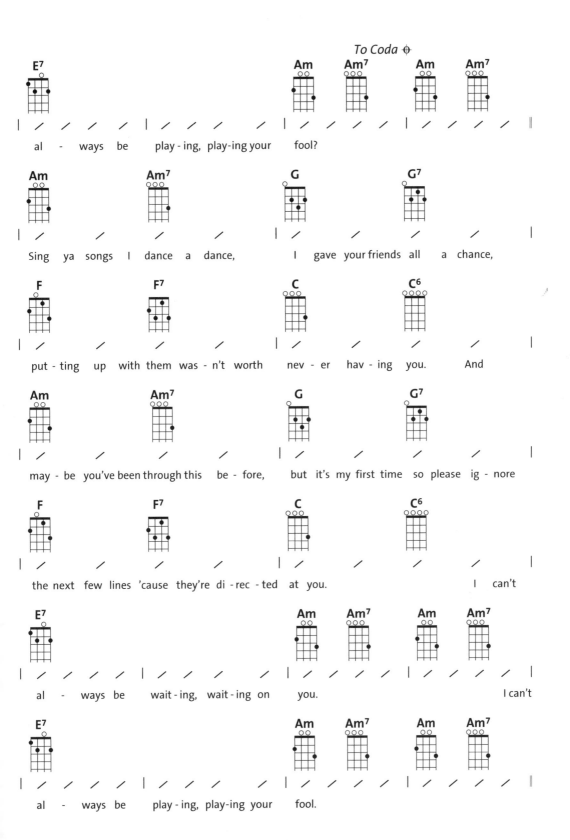

To Coda ⊕

E⁷

| ⁄ ⁄ ⁄ |
al - ways be play - ing, play-ing your fool?

Am   **Am⁷**   **Am**   **Am⁷**

Am   **Am⁷**   **G**   **G⁷**

Sing ya songs I dance a dance,   I gave your friends all a chance,

F   **F⁷**   **C**   **C⁶**

put - ting up with them was - n't worth nev - er hav - ing you. And

Am   **Am⁷**   **G**   **G⁷**

may - be you've been through this be - fore, but it's my first time so please ig - nore

F   **F⁷**   **C**   **C⁶**

the next few lines 'cause they're di - rec - ted at you. I can't

E⁷   **Am**   **Am⁷**   **Am**   **Am⁷**

al - ways be wait - ing, wait - ing on you. I can't

E⁷   **Am**   **Am⁷**   **Am**   **Am⁷**

al - ways be play - ing, play-ing your fool.

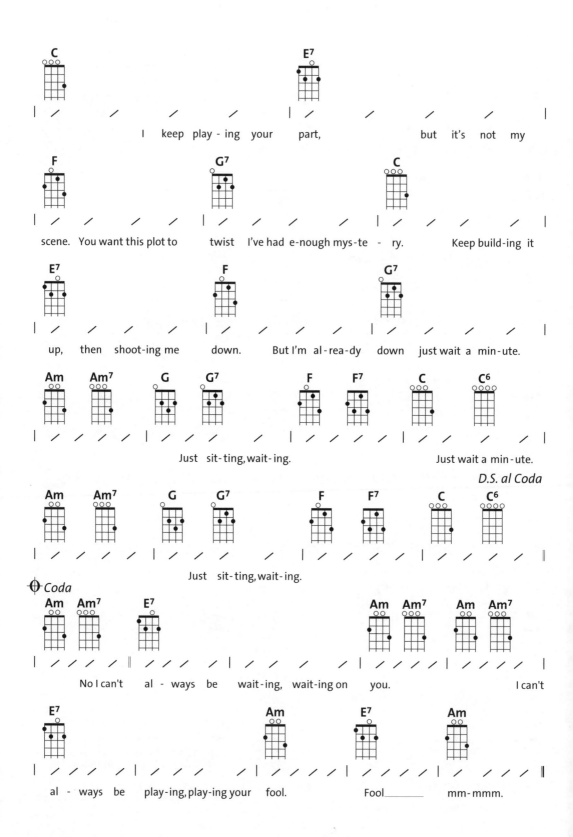

C

| / | / | / | / |

E⁷

| / | / | / | / |

I keep play - ing your   part,   but   it's   not   my

F   **G⁷**   **C**

| / | / | / | / | | / | / | / | / | | / | / | / | / |

scene. You want this plot to   twist   I've had e-nough mys-te - ry.   Keep build-ing it

E⁷   **F**   **G⁷**

| / | / | / | / | | / | / | / | / | | / | / | / | / |

up,   then shoot-ing me   down.   But I'm al-rea-dy down   just wait a min-ute.

Am **Am⁷** **G** **G⁷**   **F** **F⁷**   **C** **C⁶**

| / / / / | / / / | / | / / / | / / / / |

Just sit-ting, wait-ing.   Just wait a min-ute.

D.S. al Coda

Am **Am⁷** **G** **G⁷**   **F** **F⁷**   **C** **C⁶**

| / / / / | / / / | / | / / / | / / / / ‖

Just sit-ting, wait-ing.

⊕ *Coda*

Am **Am⁷** **E⁷**   **Am** **Am⁷** **Am** **Am⁷**

| / / / / ‖ / / / / | / / / / | / / / / | / / / / |

No I can't   al - ways   be   wait-ing, wait-ing on   you.   I can't

E⁷   **Am**   **E⁷**   **Am**

| / / / / | / / / / | / / / / | / / / / | / / / / ‖

al - ways   be   play-ing, play-ing your   fool.   Fool_____ mm-mmm.

40

suspicious minds

Words & Music by Francis Zambon

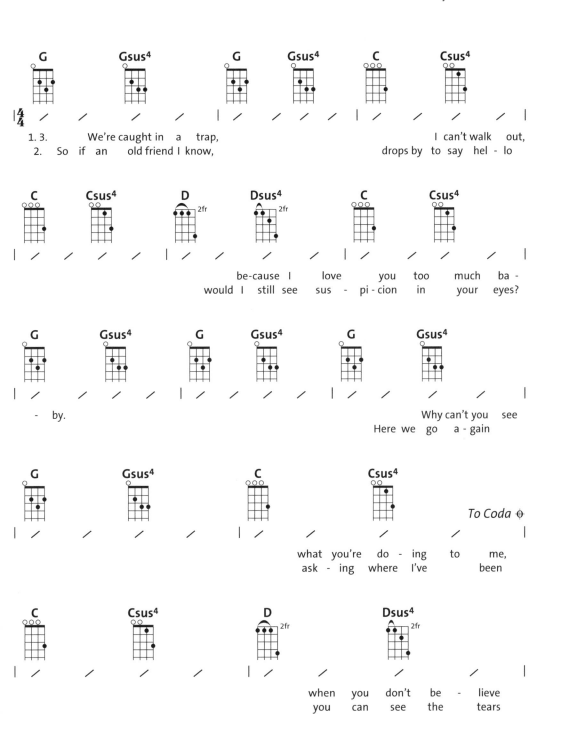

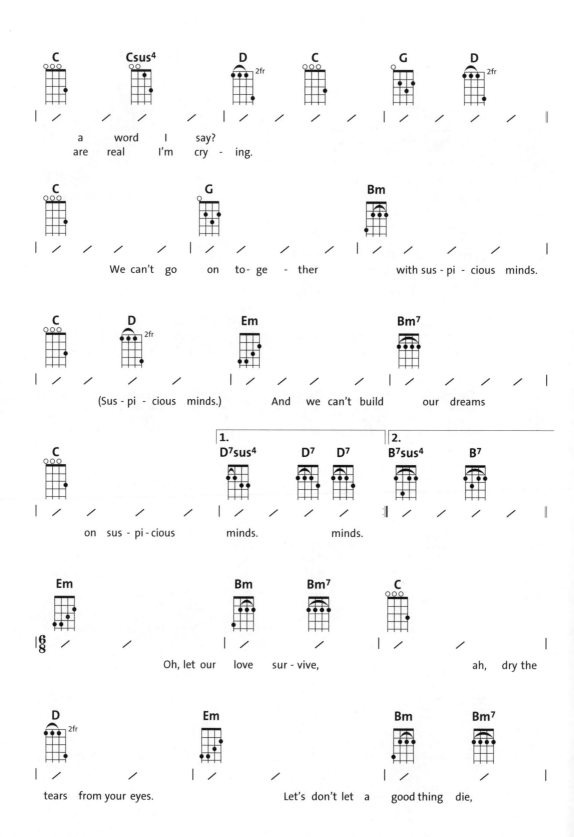

| C | Csus⁴ | D | C | G | D |

| / / / / | / / / / | / / / / |

a   word   I   say?
are   real   I'm cry - ing.

| C | G | Bm |

| / / / / | / / / / | / / / / |

We can't go   on to- ge - ther   with sus- pi - cious minds.

| C | D | Em | Bm⁷ |

| / / / / | / / / / | / / / / |

(Sus- pi - cious minds.)   And we can't build   our dreams

1. D⁷sus⁴   D⁷ D⁷   **2.** B⁷sus⁴   B⁷

| C |

| / / / / | / / / / |: / / / / |

on sus - pi - cious   minds.   minds.

| Em | Bm   Bm⁷ | C |

§⁶₈ / / | / / | / / |

Oh, let our love sur - vive,   ah, dry the

| D | Em | Bm   Bm⁷ |

| / / | / / | / / |

tears from your eyes.   Let's don't let a good thing die,

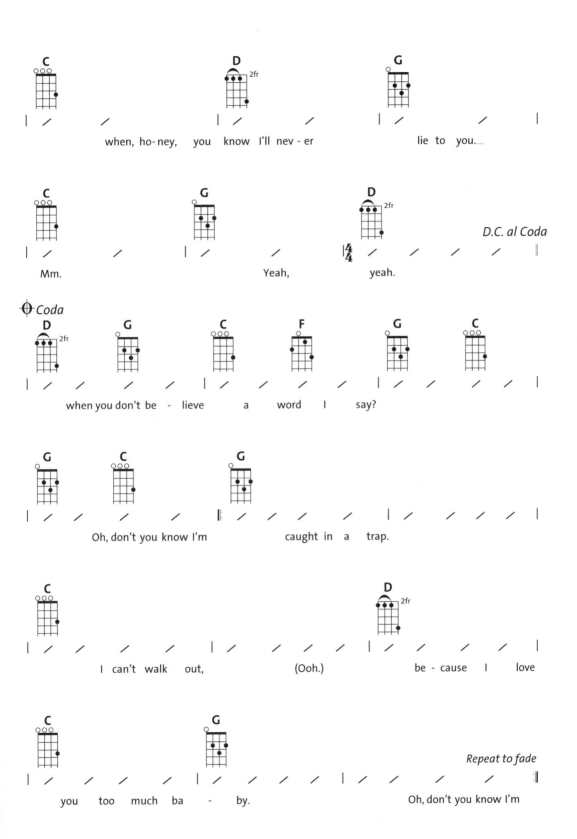

C   /   /   D   /   /   G   /   /

when, ho-ney, you know I'll nev-er   lie to you.___

C   /   /   G   /   /   D   **4/4** /   /   /   /   *D.C. al Coda*

Mm.   Yeah,   yeah.

⊕ *Coda*

D   G   C   F   G   C

/   /   /   / | /   /   /   / |

when you don't be - lieve   a   word   I   say?

G   C   G

/   /   /   /   ‖:   /   /   /   / | /   /   /   / |

Oh, don't you know I'm   caught in a   trap.

C   D

/   /   /   / | /   /   /   / | /   /   /   / |

I can't walk out,   (Ooh.)   be - cause I love

C   G

/   /   /   / | /   /   /   / | /   /   /   /   :‖

Repeat to fade

you too much ba - by.   Oh, don't you know I'm

43

a whiter shade of pale

Words by Keith Reid
Music by Matthew Fisher & Gary Brooker

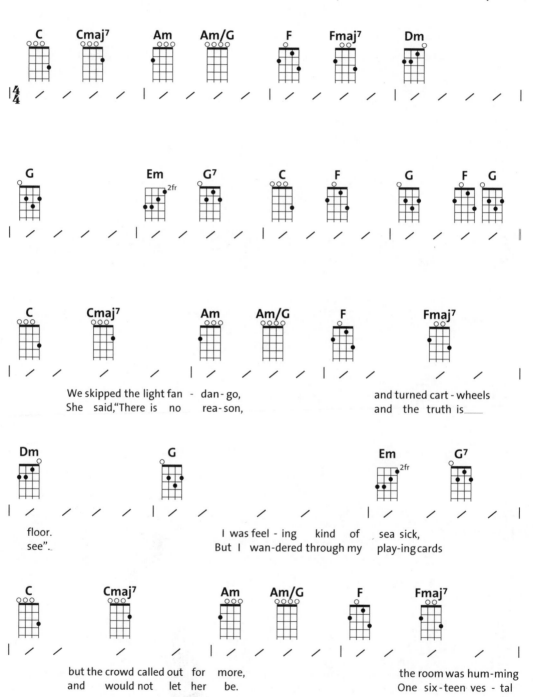

We skipped the light fan - dan - go,   and turned cart - wheels
She said, "There is no   rea - son,   and   the   truth is____

floor.   I was feel - ing   kind   of   sea sick,
see".   But I wan-dered through my   play-ing cards

but the crowd called out   for   more,   the room was hum-ming
and   would not   let her   be.   One six-teen ves - tal

44

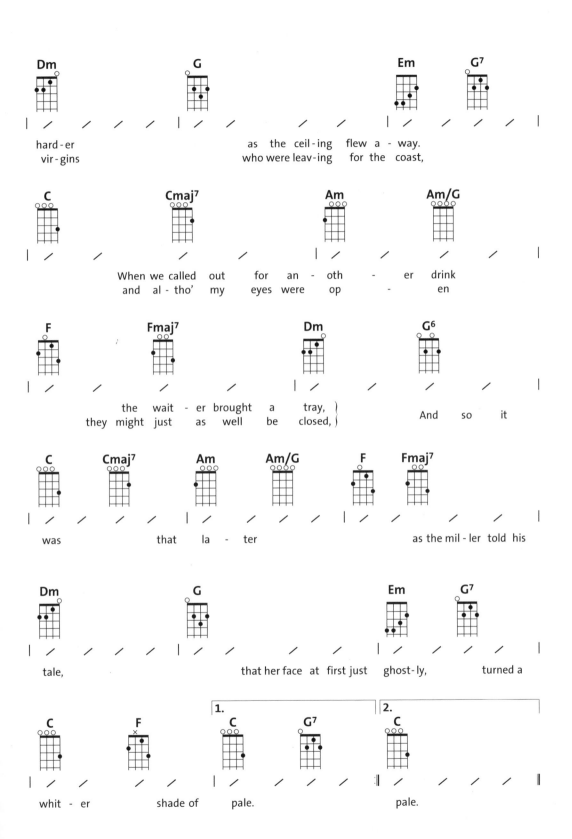

Dm / / / / **G** / / / / **Em** / / / **G⁷** / / /

hard - er
vir - gins   as the ceil - ing flew a - way.
who were leav-ing for the coast,

C / / / **Cmaj⁷** / / / **Am** / / / **Am/G** / / /

When we called out for an - oth - er drink
and al - tho' my eyes were op - en

F / / / **Fmaj⁷** / / / **Dm** / / / **G⁶** / / /

the wait - er brought a tray,)
they might just as well be closed,)   And so it

C / **Cmaj⁷** / **Am** / **Am/G** / **F** / **Fmaj⁷** / / /

was   that la - ter   as the mil - ler told his

Dm / / / / **G** / / / / **Em** / / / **G⁷** / / /

tale,   that her face at first just ghost-ly, turned a

C / / / **F** / / / | 1. **C** / / / **G⁷** / / / | 2. **C** / / / /

whit - er shade of pale.   pale.

45

roxanne

Words & Music by Sting

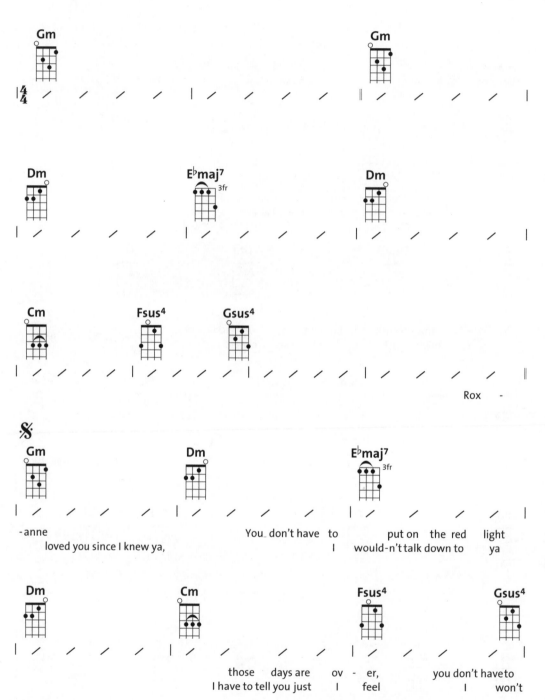

Rox -

-anne   You don't have to   put on the red   light
loved you since I knew ya,   I would-n't talk down to   ya

those   days are   ov - er,   you don't have to
I have to tell you just   I   feel   I   won't

© Copyright 1978 G M Sumner/EMI Music Publishing Limited, London, WC2H 0QY.
All Rights Reserved. International Copyright Secured.

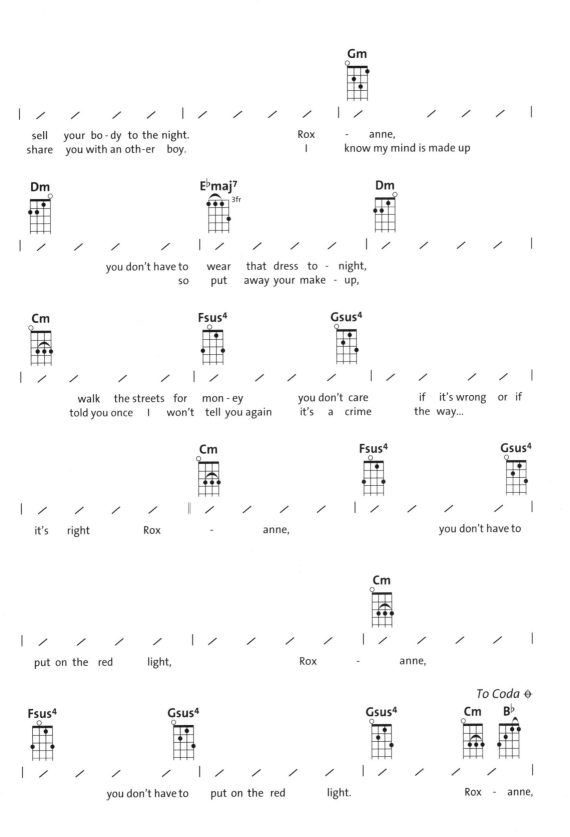

| / | / | / | / | | / | / | / | / | | / | / | / | / |
sell   your bo - dy to the night.   Rox   -   anne,
share   you with an oth-er   boy.   I   know my mind is made up

Dm   **E♭maj⁷** 3fr   **Dm**

| / | / | / | / | | / | / | / | / | | / | / | / | / |
you don't have to   wear   that dress to - night,
so   put   away your make - up,

Cm   **Fsus⁴**   **Gsus⁴**

| / | / | / | / | | / | / | / | / | | / | / | / | / |
walk   the streets for   mon - ey   you don't care   if   it's wrong   or if
told you once   I   won't tell you again   it's   a   crime   the   way...

                                        Cm   **Fsus⁴**   **Gsus⁴**

| / | / | / | / | ‖ / | / | / | / | | / | / | / | / |
it's   right   Rox   -   anne,   you don't have to

                                                       Cm

| / | / | / | / | | / | / | / | / | | / | / | / | / |
put on the red   light,   Rox   -   anne,

                                                                         To Coda ⊕
Fsus⁴   **Gsus⁴**   **Gsus⁴**   **Cm**   **B♭**

| / | / | / | / | | / | / | / | / | | / | / | / | / |
you don't have to   put on the red   light.   Rox - anne,

47

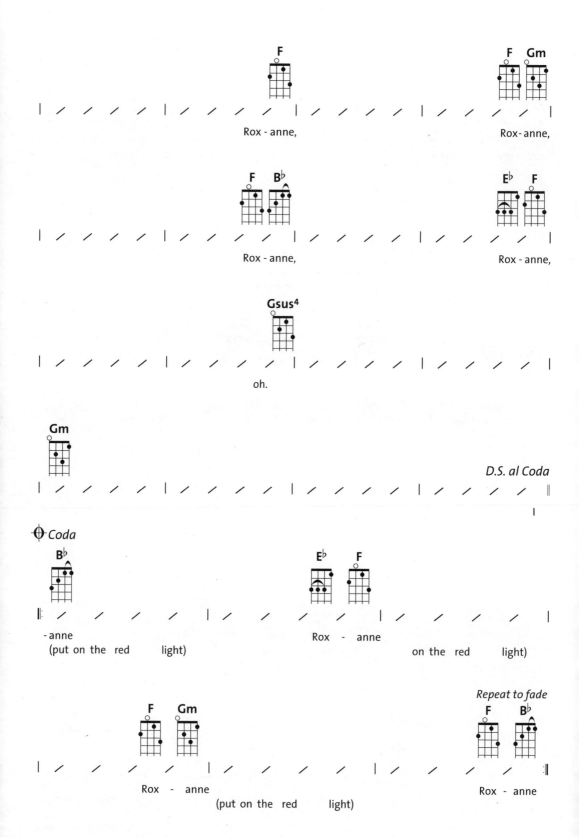